OBSERVATIONS

DE LA CAISSE D'ÉPARGNE DE PARIS

SUR LE PROJET DE LOI RELATIF AUX CAISSES D'ÉPARGNE

PRÉSENTÉ

A LA CHAMBRE DES DÉPUTÉS PAR M. LE MINISTRE DU COMMERCE, DE L'INDUSTRIE
ET DES COLONIES ET PAR M. LE MINISTRE DES FINANCES,

le 20 mai 1890.

OBSERVATIONS GÉNÉRALES

Il résulte de l'exposé des motifs du projet de loi que les intérêts du fonds de réserve des Caisses d'Épargne ont fourni, lorsque c'était nécessaire, la somme destinée à parfaire les intérêts à payer aux Caisses d'Épargne (Page 3).

Le budget de l'État n'a donc jamais eu à supporter de ce chef une charge quelconque.

Le projet ministériel ne vise absolument que les Caisses d'Épargne ordinaires; il laisse en dehors la Caisse d'Épargne postale qui ne serait touchée par aucune des mesures pouvant avoir pour résultat d'affaiblir l'action des Caisses d'Epargne ordinaires.

Dans l'intérêt de l'institution des Caisses d'Epargne qui rend depuis tant d'années les services les plus désintéressés et les plus utiles à la population laborieuse de la France, il serait important que le principe qui a été reconnu lors de la discussion de la loi du 9 avril 1881 fût maintenu intact et que l'intérêt servi par les Caisses d'Épargne ordinaires à leurs déposants fût toujours supérieur de 0 fr. 25 c. au moins à celui qui est servi par la Caisse d'Épargne postale.

La Caisse d'Épargne postale a, pour subvenir aux nécessités de ses services, l'ensemble du personnel de l'Administration générale des Postes ; il serait juste que les Caisses d'Épargne ordinaires trouvassent une compensation dans la différence d'intérêt que la loi du 9 avril 1881 avait admise sans contestation.

‑OBSERVATIONS PARTICULIÈRES

SUR LES DIFFÉRENTS ARTICLES DU PROJET DE LOI

Article premier.

Les Caisses d'Épargne ordinaires sont tenues de verser à la Caisse des Dépôts et Consignations toutes les sommes qu'elles reçoivent des déposants ; ces sommes sont employées par la Caisse des Dépôts, sous la réserve des fonds jugés nécessaires pour assurer le service des remboursements :

1° En valeurs d'État ou jouissant d'une garantie de l'État ;

2° En obligations négociables des départements, des communes ou des chambres de commerce.

Les achats et les ventes de valeurs sont effectués avec publicité et concurrence, sur la désignation de la commission de surveillance instituée par les lois des 28 avril 1816 et 6 avril 1876 et avec approbation du Ministre des Finances.

Cet article maintient pour les Caisses d'Épargne autorisées l'obligation de verser leurs fonds à la Caisse des Dépôts.

Ces fonds seront employés, comme par le passé, en valeurs d'État ou jouissant d'une garantie de l'État.

On y ajoute l'emploi en obligations négociables des départements, des communes et des chambres de commerce.

Les sommes non employées placées en compte courant au Trésor ne peuvent dépasser cent millions.

Le mode des emplois à faire par la Caisse des Dépôts et Consignations ne pourrait-il être étendu à des opérations favorables au développement de l'agriculture, comme des syndicats agricoles, des syndicats de dessèchement, d'irrigation, d'endiguement.

Les sommes non employées
ne peuvent excéder cent millions
(100,000,000 de francs) ; elles sont
placées en compte courant au Trésor
et productives d'intérêt au taux fixé
par l'article 5 ci-après.

Art. 2.

Tout déposant dont le crédit sera
de somme suffisante pour acheter
dix francs de rente au moins peut
faire opérer cet achat en titres nomi-
natifs ou mixtes sans frais, par les
soins de l'administration de la Caisse
d'Épargne.

Dans le cas où le déposant ne reti-
rerait pas les titres achetés pour son
compte, l'administration de la Caisse
d'Épargne en reste dépositaire et
reçoit les arrérages au crédit du titulaire. Elle peut également les faire
vendre sur la demande du déposant.

L'article 2 reproduit les dispositions des lois précédentes, mais il y
apporte une innovation importante
et utile en autorisant les déposants à
faire vendre par la Caisse d'Épargne
l'inscription de rente achetée par son
intermédiaire.

Seulement, il serait nécessaire que
la loi s'expliquât sur le point de
savoir si la vente aura lieu *sans frais*
pour le déposant et la Caisse d'Épargne, comme l'achat, ou si des frais
seraient mis à la charge de l'un ou
de l'autre.

Il y aurait peut-être lieu de se
demander si les Caisses d'Épargne
ne pourraient pas acheter pour leurs
déposants d'autres valeurs que de la
rente.

En ce qui touche les rentes, on
pourrait, pour la facilité des opérations, imiter ce qui se fait en Bel-
gique en ne rendant l'inscription no-
minative que le jour seulement où le
déposant en demanderait la remise.
Jusque-là il jouirait des arrérages

de la rente qui serait immatriculée au nom de la Caisse d'Épargne, de telle sorte que le jour où le déposant voudrait réaliser ladite rente par l'intermédiaire de la Caisse d'Épargne, l'opération pourrait se faire sans son intervention. Ce serait le titre au nom de la Caisse d'Épargne qui serait transféré.

Art. 3.

Les conseils d'administration des Caisses d'Épargne sont autorisés à rembourser à vue, et sans limitation de somme, les fonds réclamés par les déposants.

Toutefois, un arrêté des Ministres des Finances et du Commerce peut limiter les remboursements à la somme de 50 francs par quinzaine.

La même mesure peut être prise, en ce qui concerne la Caisse d'Épargne postale.

La loi du 9 avril 1881 donnait la garantie *en cas de force majeure de décrets rendus, le Conseil d'Etat entendu.* La mesure proposée qui permet à deux ministres de suspendre les remboursements par un simple arrêté, sans même qu'ils aient à s'expliquer sur le cas de force majeure, n'inspirerait peut-être pas assez de confiance aux déposants et les éloignerait de la Caisse d'Épargne.

Cet arrêté ne pourrait avoir comme le décret prévu par la loi de 1881 qu'un caractère général, c'est-à-dire qu'il ne pourrait viser seulement un département où une région ; il devrait s'appliquer en même temps à toutes les Caisses d'Épargne, et alors la Caisse d'Épargne postale devrait être l'objet d'une mesure analogue, sinon la situation des Caisses d'Épargne serait gravement compromise.

Art. 4.

Le compte ouvert à chaque dépo-sant ne peut dépasser le chiffre de deux mille francs (2,000 fr.) versés en une ou plusieurs fois.

Le montant total des versements opérés du 1er janvier au 31 décembre d'une même année ne peut, en aucun cas, dépasser 2,000 francs.

Cette disposition n'est pas appli-cable aux opérations faites par les Sociétés de secours mutuels et par les institutions autorisées à déposer aux Caisses d'Épargne, conformément à l'article 13 de la loi du 9 avril 1881.

Cette disposition aurait pour con-séquence d'empêcher les économies de se porter aux Caisses d'Épargne.

Elle est un obstacle à la formation du petit capital.

Si on interdit au titulaire d'un compte de déposer plus de 2,000 fr. sur son livret dans l'année, on l'em-pêche de placer les économies suc-cessives qu'il se propose de faire ; car quelque économe que l'on soit, on peut avoir besoin, à un moment don-né, d'une partie du petit capital amassé, sauf à le reconstituer plus tard. Si on met le travailleur dans l'impossibilité de renouveler ce ca-pital, on le détourne de l'économie et on l'expose à des placements dé-sastreux.

Avec les règles de comptabilité auxquelles sont soumises les Caisses d'Épargne, un déposant ne peut aug-menter la somme d'intérêt que lui doit une Caisse d'Épargne au-dessus de 70 ou 75 fr. selon que l'intérêt bonifié est de 3 1/2 ou de 3 3/4 pour cent.

Plus un déposant fait d'opérations de dépôts et de retraits, moins il tou-che d'intérêts.

Si 100,000 déposants laissaient pendant 52 semaines chacun 2,000 fr.

à la Caisse d'Epargne, ils auraient ensemble un capital de 200 millions auquel il faudrait servir 7 millions ou 7 millions 1/2 d'intérêt selon le taux de 3,50 ou de 3,75 pour cent.

Plus ce capital serait en mouvement, plus diminueraient la somme d'intérêt à toucher et par conséquent la charge de la Caisse des Dépôts et Consignations.

Il est à remarquer que cette mesure d'une gravité exceptionnelle et qui détournerait les déposants des Caisses d'Épargne ne serait applicable qu'aux Caisses d'Épargne ordinaires, et que la Caisse d'Épargne postale continuerait à recevoir les versements sans aucune limitation annuelle.

Art. 5.

L'intérêt à servir aux Caisses d'Épargne ordinaires par la Caisse des Dépôts et Consignations est déterminé en tenant compte du revenu des valeurs du portefeuille et du compte courant avec le Trésor représentant les fonds provenant des Caisses d'Épargne, déduction faite du prélèvement à opérer au profit du fonds de réserve, créé par l'article suivant. Ce prélèvement ne peut être inférieur à 0 fr. 25 0/0 ni supérieur à 0 fr. 50 0/0 du capital dû aux Caisses d'Épargne par la Caisse des Dépôts.

La mobilité de l'intérêt peut jeter de l'inquiétude dans l'esprit des porteurs de livrets.

Le déposant veut être tranquille et être assuré d'un intérêt fixe; il ne comprend que très malaisément les calculs d'intérêts et il est sensible à la moindre modification apportée dans ses rapports avec les Caisses d'Épargne.

Chaque année au moment de la fixation de l'intérêt pour l'année suivante, les journaux s'empareront de la question et préoccuperont les déposants.

Pour l'année 1891, cet intérêt est fixé à 3 fr. 50 0/0. Lorsqu'il y aura lieu de modifier ce taux, le nouvel intérêt à bonifier aux Caisses d'Épargne sera fixé avant le 1er octobre pour l'exercice suivant par un décret rendu sur la proposition du Ministre du Commerce et du Ministre des Finances, après avis de la Commission de surveillance de la Caisse des Dépôts et Consignations et de la commission supérieure instituée par l'article 10 de la présente loi.

Le Trésor bonifie à la Caisse des Dépôts et Consignations, sur le montant des sommes versées en compte courant au nom des Caisses d'Épargne, un intérêt fixé annuellement par la loi de finances; pour 1891, cet intérêt est fixé à 3 fr. 50 0/0.

Quand on se reporte à l'article 10 et que l'on s'arrête à la composition de la commission supérieure, on peut regretter de voir que les représentants des Caisses d'Épargne y soient en si petite minorité; ils ne pourront que donner un simple avis consultatif.

Art. 6.

Il est institué par la Caisse des Dépôts et Consignations un fonds de réserve et de garantie auquel sont affectés :

1° Le fonds de réserve actuel;

2° Les excédents des intérêts des placements de fonds provenant des Caisses d'Épargne ordinaires sur les intérêts servis à ces Caisses, ainsi qu'il est prévu à l'article 5;

3° Les intérêts et les primes d'amor-

Le fonds de réserve est actuellement de 43 millions au moins.

Il s'augmentera des 25 ou 50 c. pour cent retenus sur l'intérêt produit par les fonds des Caisses d'épargne.

L'exposé des motifs dit que le solde actuel des Caisses d'épargne est de 2 milliards 659 millions. Ce chiffre peut s'élever, il peut aussi s'abaisser. En prenant comme moyenne la somme de 2 milliards

tissement provenant de ce fonds lui-
même.

Peuvent seuls être imputés sur ce
fonds :

1° Les pertes qui viendraient à ré-
sulter soit de différences d'intérêt,
soit d'opérations ayant pour but d'assurer le service des remboursements ;

2 Les prélèvements qu'il peut être
nécessaire d'opérer soit à titre défi-
nitif, soit à titre d'avances en cas
d'insuffisance de la fortune person-
nelle d'une Caisse d'Épargne, pour
faire face aux pertes déjà constatées
ou qui seraient ultérieurement re-
connues dans sa gestion.

500 millions, la retenue à exercer
sur ce capital au profit de la Caisse
de réserve s'élèvera, avec la retenue
minima de 25 centimes, à 6,250,000
francs par an. Au bout de dix ans
cette retenue aura donné seulement par le capital un produit
de . . . . 62,500,000 fr.

Si on y réunit la
retenue actuelle, soit   43,000,000
on obtient seulement
en capitaux . . . . 105,500,000 fr.

Si on y ajoute les
intérêts annuels à
3 fr. 50 pour cent qui
se capitaliseront l'an-
née suivante, soit en-
viron pour la réserve
ancienne 17,600,000
et pour
la réser-
ve nou-
velle . . 10,800,000
soit en
tout en-
viron . . 28,400,000   28,400,000
cette réserve dans
dix ans serait au
moins de . . . . . 133,900,000 fr.

Et parvenue à cette somme importante elle s'accroîtra plus rapidement
encore pendant les années suivantes.

N'arrive-t-on pas à un chiffre
exorbitant?

★★

Avec la réduction de l'intérêt qui serait à servir désormais aux Caisses d'épargne, il est douteux qu'on opère jamais de gros prélèvements sur cette réserve, à moins cependant que, comptant sur ce fonds commun, certaines Caisses n'apportent pas à leur gestion toute l'économie et toute la prudence nécessaires.

Comment fera-t-on emploi des sommes qui accroîtront le fonds de réserve ?

Sans doute on le traitera comme les fonds mêmes des Caisses d'Épargne.

A quelles éventualités est-il destiné ?

En temps ordinaire, il fournira l'appoint des intérêts que ne produiront pas les placements des fonds des Caisses d'Épargne et il servira à donner des allocations ou à faire des avances aux Caisses pauvres ou en détresse.

Mais en temps de crise, comment pourra-t-il être utilisé ?

Si les valeurs représentant les fonds des Caisses d'Épargne sont dépréciées et ne peuvent suffire aux remboursements demandés, les valeurs qui représenteront les fonds de la réserve seront soumises aux mêmes influences, et alors à quoi servira ce fonds de réserve, grassement doté aux dépens des déposants dans les temps calmes et prospères ?

Le papier s'entassera dans deux Caisses au lieu de s'entasser dans une seule, et la situation serait la même qu'aujourd'hui si une crise éclatait.

Une réserve métallique serait seule utile.

Comme il est douteux qu'elle soit réalisable, il faut se demander si une réserve en papier s'accroissant sans limite n'est pas destinée à devenir un grave embarras et un danger.

En Angleterre, où l'on paraît penser à créer une Caisse de réserve pour rémunérer un corps d'inspecteurs spéciaux nommés et dirigés par les commissaires de la Dette nationale et payés par une contribution prélevée sur l'intérêt servi aux Caisses d'Épargne, la contribution à prélever ne dépasserait pas 0 fr. 012 pour cent (3 francs pour 100 £) du stock en dépôt de chaque Caisse d'Épargne.

Au 31 décembre 1888, le solde dû aux Caisses d'Épargne ordinaires était de 1,160,000,000 de francs.

La retenue de 3 pence pour 100 £ ou de 12 millièmes pour cent représenterait une somme annuelle de 139,200 francs.

La même retenue appliquée au solde des Caisses d'Épargne ordinaires françaises, qui serait de 2 mil-

Art. 7.

Le fonds de réserve est géré par la Caisse des Dépôts, sous le contrôle de la Commission de surveillance qui arrête les prélèvements à faire dans les cas de perte prévus par l'article 6.

Il est rendu compte de ces opérations dans un chapitre spécial du rapport annuel présenté au Sénat et à la Chambre des Députés par la Commission de surveillance, conformément aux articles 114 et 115 de la loi du 28 avril 1816.

Art. 8.

La retenue à exercer par les Caisses d'Épargne pour leurs frais de loyer et d'administration sur l'intérêt bonifié par la Caisse des Dépôts et Consignations peut être ou uniforme sur tous les comptes, ou graduée d'après l'importance des comptes.

liards 500 millions, produirait 300,000 francs.

La différence entre la retenue que l'on se propose d'opérer en France et celle qu'en Angleterre on est dans l'intention d'établir est vraiment considérable et fait ressortir l'importance du prélèvement que le projet de loi aurait pour conséquence d'exercer sur l'intérêt à servir aux déposants.

Dans l'intérêt général, il sera bon de soumettre à une enquête sérieuse les motifs allégués par les Caisses d'Épargne qui demanderont à puiser dans le fonds commun. Il semble qu'elles devront tout d'abord justifier qu'elles portent la retenue destinée à leurs dépenses au maximum autorisé et que leurs embarras ne proviennent pas de ce qu'elles donnent un intérêt trop élevé aux dépôts de 500 francs, car alors le fonds commun servirait à favoriser certaines localités aux dépens de beaucoup d'autres.

Cet article introduit dans la comptabilité des Caisses d'Épargne l'intérêt gradué. Chaque Caisse fera ce qu'elle voudra en soumettant son tarif gradué à l'approbation du Ministre.

On adresse sans cesse aux Caisses

Dans le premier cas, elle est obligatoire pour 0 fr. 25 c. 0/0 et ne peut dépasser 0 fr. 50 c. 0/0.

Dans le second cas, les comptes ne dépassant pas 500 francs peuvent être dispensés de toute retenue. Le maximum de la retenue à opérer sur les autres comptes est de 1 fr. 50 c. 0/0. Le taux ainsi gradué doit être approuvé par le Ministre du Commerce et publié trois mois au moins avant son application.

d'Épargne un reproche immérité quand on prétend que l'intérêt qu'elles servent à leurs déposants leur attire des fonds qui devraient chercher un autre emploi.

Ce reproche n'est pas fondé; d'abord parce que bien habile serait celui qui pourrait déterminer le point où finit pour un individu le droit de venir à la Caisse d'Épargne; ensuite parce qu'aucune disposition législative ne ferme et ne peut fermer à personne la porte de la Caisse d'Épargne. D'ailleurs nos statistiques répondent à ce reproche.

Mais l'intérêt gradué ne sera-t-il pas beaucoup plus que l'intérêt tel qu'il est servi actuellement, un appât pour bien des déposants, et tel qui n'a qu'un livret suffisant à ses besoins ne sera-t-il pas incité à prendre, pour les membres de sa famille, autant de livrets qu'il pourra afin de bénéficier de l'intérêt réservé aux dépôts de 500 francs?

Et alors, les livrets supérieurs diminueront, les ressources produites par les retenues s'amoindriront et les Caisses d'Épargne auront souvent des insuffisances pour régler leurs dépenses.

D'autre part, comment traitera-t-on le déposant qui ayant 400 francs versera 200 francs? Perdra-t-il le bénéfice que la loi lui accorde pour les 500 francs ou l'intérêt de l'excédent seul sera-t-il réduit?

Dans le sens inverse comment traitera-t-on le compte d'un déposant qui de 700 francs tombera à 300 francs par suite d'un retrait?

Après les erreurs relevées dans certaines Caisses d'Épargne on peut craindre que la complication d'une comptabilité fractionnée ne donne ouverture à de nouveaux troubles.

En tout cas, il semble que la loi ne doive pas laisser à une instruction ministérielle ou même à un décret le soin de régler cette question, car elle touche au principe même des Caisses d'Épargne.

Art. 9.

Aucune opération faite dans les Caisses d'Épargne ordinaires par les déposants, et nécessitant un mouvement de fonds ou de valeurs, n'est valable et ne forme titre contre la Caisse d'Épargne, que si le reçu délivré sur le livret porte, indépendamment de la signature du caissier, le visa et la signature de l'administrateur ou de l'agent chargé du contrôle.

Dans le cas où des documents de comptabilité prescrits par les règlements n'auraient pas été produits en temps utile, le Ministre des Finances ou le Ministre du Commerce peut les

Qu'entend-on par documents de comptabilité?

Actuellement, le Ministère exige des Caisses d'Épargne des travaux considérables de statistique:

1° Statistique professionnelle des déposants nouveaux;

2° Répartition des versements suivant le sexe des déposants dans sept classes de quotités;

3° Répartition des remboursements également dans sept classes de quotités suivant le sexe des déposants, en ayant soin d'indiquer lorsque c'est un homme, s'il est majeur ou

faire dresser d'office et aux frais de la Caisse d'Épargne.

La disposition du premier paragraphe du présent article est affichée en permanence dans les bureaux où elle doit recevoir son exécution et imprimée sur la couverture des livrets.

mineur; dans le cas où il est mineur, s'il agit avec ou sans l'autorisation de son représentant légal.

Si c'est une femme, il faut distinguer si elle est majeure ou mineure.

Dans le cas où elle est majeure, il faut marquer si elle est célibataire, veuve ou mariée, et si elle est mariée indiquer si elle agit seule ou avec l'autorisation maritale.

Dans le cas où la femme est mineure, il faut constater si elle agit avec ou sans le concours de son représentant légal.

4° Classement des livrets d'après l'importance de leur solde suivant une répartition qui comprend également sept divisions.

Le projet de loi entend-il maintenir à la charge des Caisses d'Épargne ces travaux excessifs qui entraînent des dépenses élevées? En définitive, ils n'intéressent pas les Caisses d'Épargne qui connaissent leur clientèle et l'état des comptes des déposants sans avoir recours à des relevés aussi dispendieux, et ils ne devraient pas être exécutés à leurs frais.

Art. 10.

Il est formé auprès du Ministère du Commerce une commission supérieure qui se réunit annuellement pour donner son avis sur les questions concernant les Caisses d'Épargne ordinaires.

Dans une commission de 20 membres dont 11 appartiennent à la Caisse des Dépôts et Consignations et 4 sont nommés par e Ministère, quel pouvoir auront les 5 représentants des Caisses d'Épargne?

Cette commission est composée de vingt membres ainsi qu'il suit :

Cinq présidents ou directeurs de Caisses d'Épargne désignés par le Ministre du Commerce.

Font partie de droit de la commission :

Les membres de la commission de surveillance de la Caisse des Dépôts et Consignations ;

Le Directeur général de la Caisse des Dépôts et Consignations ;

Le Directeur du commerce intérieur au Ministère du Commerce ;

Le Directeur général de la comptabilité publique au Ministère des Finances ;

Le chef de la division de la comptabilité et de la statistique au Ministère du Commerce ;

Le chef du service de l'inspection générale des Finances.

Les membres sont nommés pour trois ans ; la commission élit son président.

Un chef de bureau du Ministère du Commerce, désigné par le Ministre remplit les fonctions de secrétaire avec voix consultative.

Art. 11.

Il est interdit de donner le nom de Caisse d'Épargne à tout établissement qui n'aurait pas été autorisé, conformément aux prescriptions de

Il paraîtrait équitable que dans une commission où s'agiteront les intérêts des 540 Caisses d'Épargne de France, ces Caisses d'Épargne fussent représentées par quinze membres au moins.

Article excellent par la pensée qui l'a inspiré, mais d'une application qu'il est permis de considérer comme bien difficile.

la loi du 5 juin 1835. Les fondateurs et directeurs des établissements constitués en contravention au présent article sont passibles d'une amende de 50 à 6,000 francs et d'un emprisonnement de trois mois à deux ans. Les tribunaux peuvent ordonner l'insertion et l'affichage des jugements et la suppression de la dénomination de Caisse d'Épargne, à peine de dommages-intérêts à fixer pour chaque jour de retard. L'article 463 du Code pénal est applicable aux condamnations prononcées en vertu du présent article.

Qui est-ce qui exercera les poursuites ?

Le Parquet ? Agira-t-il d'office ou attendra-t-il des instructions du Gouvernement ou une plainte de la Caisse d'Épargne située dans le ressort ?

S'il y a des frais à payer, qui les supportera ?

Art. 12.

L'opposition autorisée par la loi du 9 avril 1881, au profit des maris et des représentants légaux des mineurs, pour les livrets ouverts à des femmes mariées, sans l'assistance de leur mari et à des mineurs, sans l'intermédiaire de leur représentant légal, sera signifiée aux Caisses d'Épargne dans la forme des actes extra-judiciaires.

Elle produira, à l'égard des Caisses, les mêmes effets que l'opposition prévue au Code de procédure civile.

Cet article consacre le droit commun. Est-ce bien nécessaire d'en faire l'objet d'une disposition de loi ? Les Caisses d'Épargne sont instruites par des circulaires ministérielles des points de droit ayant trait à leurs opérations.

Art. 13.

Est admise à circuler en franchise et sous enveloppe fermée, la correspondance de service échangée entre les Caisses d'Épargne d'une part, et les préfets et sous-préfets, les trésoriers-payeurs généraux et receveurs des finances d'autre part. La même franchise, mais avec circulation à découvert, est accordée à la correspondance et autres pièces échangées entre Caisses d'Épargne, et concernant les opérations des déposants, notamment les transferts.

L'Administration des Postes est autorisée à effectuer le transport des fonds et papiers entre les Caisses d'Épargne et succursales, en sacs ou boîtes fermées, moyennant un abonnement qui ne peut excéder 60 francs par an et par succursale.

On ne peut qu'approuver les facilités données pour le transport des papiers et des espèces appartenant aux Caisses d'Épargne.

Art. 14.

En cas de remboursement intégral, les Caisses d'Épargne sont autorisées à retenir les centimes, à titre d'escompte, sur les intérêts dont elles font l'avance.

Les déposants des Caisses d'Epargne sont souvent besogneux et des centimes ont pour eux une valeur qui peut surprendre mais qui est réelle, ainsi qu'a pu le constater la Caisse d'Épargne de Paris.

Il lui paraîtrait excessif de retenir 95 centimes aussi bien que 5 centimes au malheureux qui est dans l'obligation de réaliser ses économies.

Il y a bien des cas où les centimes sont le produit même des intérêts que donne le capital.

PROPOSITIONS

Après avoir parcouru toutes les dispositions du projet de loi, il est permis de penser qu'il pourrait y être proposé quelques additions.

I

ACHATS DE RENTE D'OFFICE.

La loi du 30 juin 1851 avait prescrit de procéder avant le 1ᵉʳ avril à l'achat d'office de 10 francs de rente pour tous les comptes qui dépasseraient le maximum par suite de la capitalisation des intérêts au 31 décembre précédent. Aucune condition n'était mise à l'exercice de ce droit.

Une Instruction ministérielle avait cru devoir prescrire l'envoi de lettres ordinaires aux déposants pour les prévenir de l'état de leurs comptes et les inviter à retirer l'excédent avant le 1ᵉʳ avril.

La loi de 1881 a imposé aux Caisses d'Épargne l'obligation d'adresser des lettres chargées aux déposants et de ne réduire le compte d'office que trois mois après l'envoi de ces lettres. De plus, elle a fixé l'achat d'office à 20 francs.

1° L'envoi de lettres chargées qui coûtent 40 centimes occasionne une dépense fort élevée aux Caisses d'Épargne. En 1890, la Caisse d'Épargne de Paris a dépensé, pour cet envoi, 2,300 francs.

Ces lettres ne parviennent pas toutes aux destinataires qui peuvent être absents ou qui ont changé de domicile sans en prévenir la Caisse d'Épargne.

Il serait très utile que par un amendement on décharge̍ât les Caisses d'Épargne de l'obligation de prévenir les déposants de l'état de leurs comptes.

On les avertirait par une note insérée dans les livrets, par des affiches apposées dans les bureaux.

Ainsi, les Caisses d'Épargne seraient exonérées d'une dépense importante qui ne procure que des résultats fort incomplets.

2° Les comptes ne dépassent pas le maximum nouveau de 2,000 francs d'une somme plus élevée qu'autrefois quand le maximun était de 1,000 francs. Cependant la loi de 1881 a prescrit l'achat de 20 francs de rente au lieu de 10 francs.

C'est excessif, et beaucoup de déposants qui ont été dans l'impossibilité de répondre à la lettre d'avis se trouvent, pour un excédent de quelques francs, privés de la disponibilité d'un capital correspondant à 20 francs de rente.

Il serait avantageux pour les déposants que l'achat d'office fût ramené à 10 francs de rente.

II

TRANSFERTS

1°

Il y a une question qui depuis longtemps préoccupe les Caisses d'Epargne, parce qu'elle intéresse très vivement les déposants.

C'est la question des transferts des comptes de Caisse à Caisse.

Le délai dans lequel s'effectue un transfert est excessif ; quinze jours est le délai minimum ; il s'étend souvent à trois semaines, quelquefois à un mois.

Cela tient à ce que plusieurs administrations sont en mouvement :

La Caisse qui effectue le transfert ;

La Caisse des Dépôts et Consignations, à laquelle toutes les pièces doivent être envoyées ;

Les bureaux du trésorier-payeur général du département, qui est l'intermédiaire entre la Caisse des Dépôts et les Caisses d'Épargne départementales ;

Les bureaux du receveur particulier quand la Caisse d'Épargne est située au chef-lieu ou dans une commune de l'arrondissement.

Tous ces échelons à gravir retardent l'opération que l'on pourrait simplifier sans inconvénient en autorisant les Caisses d'Épargne à correspondre directement entre elles et à envoyer un double des pièces comptables à la Caisse des Dépôts et Consignations à Paris, au trésorier-payeur général dans les départements. On dira peut-être que c'est une question de règlement ; cependant comme les Caisses d'Épargne sollicitent depuis longtemps cette amélioration, elles pourraient espérer, si le principe était inscrit dans la loi, que le règlement ne tarderait pas à intervenir

Les errements suivis en matière de transferts datent de 1835. Or, depuis cette époque on n'a fait profiter les déposants aux Caisses d'Épargne ni des avantages de la vapeur, ni de l'activité qui s'est répandue dans toutes les affaires.

2°

La seconde question que soulèvent les transferts ne touche que les Caisses d'épargne des départements, mais la Caisse d'Épargne de Paris croit devoir enregistrer ici les observations qui sont parvenues jusqu'à elle.

Il paraît que les transferts entre Caisses d'Épargne situées dans un même département entraîneraient pour les déposants une perte d'intérêt qui varierait de quinze jours à un mois, tandis que les transferts d'un département à un autre n'entraînent aucune perte d'intérêt. Il est difficile de comprendre une pareille inégalité de traitement qu'il serait facile à la loi de faire cesser.

III

CERTIFICATS DE PROPRIÉTÉ

Enfin, il y a un article de la loi du 9 avril 1881 qui a donné lieu à de graves difficultés de la part de l'Administration de l'Enregistrement.

L'article 20, qui exempte des formalités du timbre et de l'enregistrement les imprimés, écrits et actes de toute espèce nécessaires pour le service des Caisses d'Épargne, s'applique-t-il aux certificats de propriété qui sont délivrés aux héritiers et ayants droit d'un déposant décédé ?

La question portée devant les tribunaux a été diversement jugée ; et par un accord tacite il semble que l'Administration de l'Enregistrement ait dû suspendre momentanément ses revendications.

Il serait utile qu'une disposition législative intervînt, qui régularisât une situation douteuse.

L'article 20 de la loi de 1881, par ses termes généraux, a certainement compris dans l'exception les certificats de propriété.

La loi nouvelle pourrait le dire.